11+ Verbal Activity

Additional Multiple-choice Practice Questions

WORKBOOK 4

Dr Stephen C Curran

Edited by Andrea Richardson

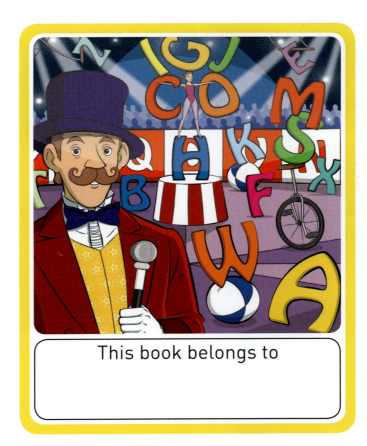

This book belongs to

Accelerated Education Publications Ltd

Contents

11. Additional Practice Questions   Pages

1.	Missing Letters	3-4
2.	Odd Ones Out	5-6
3.	Alphabet Codes	7-8
4.	Similar Meanings	9-10
5.	Hidden Words	11-12
6.	Missing Words	13-14
7.	Substitution	15-17
8.	Opposite Meanings	18-19
9.	Arithmetic Equations	20-21
10.	Letter Shifts	22-23
11.	Number Links	24-25
12.	Letter Sequencing	26-27
13.	Analogies	28-29
14.	Secret Codes	30-32
15.	One Word Patterns	33-34
16.	Number Sequencing	35-36
17.	Compound Words	37-38
18.	Two Word Patterns	39-40
19.	Word Links	41-42
20.	More Alphabet Codes	43-44
21.	Logical Reasoning	45-46

© 2016 Stephen Curran

Chapter Eleven
ADDITIONAL PRACTICE QUESTIONS

1. Missing Letters

In these questions the **same** letter will fit into **both** sets of brackets, to end the word in front of the brackets and start the word after the brackets. Write the correct letter that completes all four words.

Example:

    blas [?] **reason**

    shor [?] **rip**   Answer: __t__

  a) **c**   b) **e**   c) **d**   d) **t**   e) **a**

(The four words are **blast**, **treason**, **short** and **trip**.)

Exercise 11: 1   Write the letter that will end the first word and start the second:

Score

1)   **slu** [?] **entle**
       ba [?] **irl**   Answer: _____
                             a) **g**   b) **m**   c) **r**   d) **n**   e) **p**

2)   **bal** [?] **ine**
       bow [?] **ake**   Answer: _____
                             a) **e**   b) **d**   c) **t**   d) **l**   e) **s**

3)   **ta** [?] **an**
       dro [?] **ine**   Answer: _____
                             a) **d**   b) **l**   c) **p**   d) **t**   e) **b**

4)   **bu** [?] **es**
       gre [?] **ellow**   Answer: _____
                             a) **t**   b) **d**   c) **y**   d) **n**   e) **w**

5) bee [?] ice
cor [?] ew

Answer: _____

a) d b) p c) f d) s e) n

6) lea [?] ire
sel [?] an

Answer: _____

a) p b) f c) n d) s e) d

7) sta [?] end
cra [?] low

Answer: _____

a) b b) y c) m d) g e) p

8) slo [?] on
cre [?] est

Answer: _____

a) b b) p c) w d) t e) s

9) cop [?] awn
tra [?] our

Answer: _____

a) s b) p c) d d) y e) m

10) doo [?] ose
bea [?] oom

Answer: _____

a) b b) r c) m d) n e) d

11) gir [?] ove
craw [?] ose

Answer: _____

a) m b) k c) d d) t e) l

12) clu [?] ake
cu [?] rown

Answer: _____

a) e b) t c) c d) b e) p

2. Odd One Out

In these questions three of the five words are connected in some way. Choose the **two** words that **do not** go with the other three words from the options provided.

Example:

    Monday   Tuesday   Friday   month   noon

    ____month____ and ____noon____

    a) **Monday**   b) **Tuesday**   c) **Friday**   d) **month**   e) **noon**

Exercise 11: 2   Write the two words which do not fit in with the others:

Score

1) **cat   horse   duck   chicken   dog**

   _____ and _____

   a) **cat**   b) **horse**   c) **duck**   d) **chicken**   e) **dog**

2) **planet   Venus   Earth   Mars   space**

   _____ and _____

   a) **planet**   b) **Venus**   c) **Earth**   d) **Mars**   e) **space**

3) **cooker   boil   roast   eat   fry**

   _____ and _____

   a) **cooker**   b) **boil**   c) **roast**   d) **eat**   e) **fry**

4) **swimming   judo   cricket   rugby   football**

   _____ and _____

   a) **swimming**   b) **judo**   c) **cricket**   d) **rugby**   e) **football**

5) **lamb   horse   pig   calf   foal**

   _____ and _____

   a) **lamb**   b) **horse**   c) **pig**   d) **calf**   e) **foal**

© 2016 Stephen Curran

6) **mother   father   daughter   nephew   sister**

   _____ and _____

   a) **mother**   b) **father**   c) **daughter**   d) **nephew**   e) **sister**

7) **unusual   unwell   unhealthy   ill   sick**

   _____ and _____

   a) **unusual**   b) **unwell**   c) **unhealthy**   d) **ill**   e) **sick**

8) **knife   plate   cup   spoon   saucer**

   _____ and _____

   a) **knife**   b) **plate**   c) **cup**   d) **spoon**   e) **saucer**

9) **carrot   strawberry   pear   bean   lettuce**

   _____ and _____

   a) **carrot**   b) **strawberry**   c) **pear**   d) **bean**   e) **lettuce**

10) **uncle   actress   boy   girl   master**

    _____ and _____

    a) **uncle**   b) **actress**   c) **boy**   d) **girl**   e) **master**

11) **pair   orange   banana   couple   duo**

    _____ and _____

    a) **pair**   b) **orange**   c) **banana**   d) **couple**   e) **duo**

12) **mower   grass   trimmer   bush   shrub**

    _____ and _____

    a) **mower**   b) **grass**   c) **trimmer**   d) **bush**   e) **shrub**

A B C D E F G H I J K L M N O P Q R S T U V W X Y Z

3. Alphabet Codes

The above alphabet is there to help you with these questions. Each question has a different code. Work out the correct answer by using the code provided.

Example:

The code for **TRAP** is **USBQ**.

What does **DPME** mean? ____COLD____

a) **COLT**   b) **CLAN**   c) **CAST**   d) **COAL**   e) **COLD**

Exercise 11: 3   Answer the following:

1) The code for **BALL** is **CBMM**.
   Work out the word for **UPZT**.   _____

   a) **TOYS**   b) **TOWS**   c) **TROD**   d) **SPOT**   e) **SPUN**

2) The code for **GHOC** is **FIND**.
   Work out the word for **MNTS**.   _____

   a) **LOAN**   b) **LOFT**   c) **LOOT**   d) **LOST**   e) **LAST**

3) The code for **JUMP** is **LWOR**.
   Work out the code for **SPIN**.   _____

   a) **USKP**   b) **URLP**   c) **QNGL**   d) **URKP**   e) **QMGL**

4) The code for **DOWN** is **BMUL**.
   Work out the word for **MTCP**.   _____

   a) **OWED**   b) **OVER**   c) **OWNS**   d) **OVEN**   e) **OURS**

5) The code for **IDCS** is **LEFT**.
   Work out the code for **HALF**.   _____

   a) **EZIF**   b) **EYJE**   c) **EZIE**   d) **EYJF**   e) **EZJF**

© 2016 Stephen Curran

A B C D E F G H I J K L M N O P Q R S T U V W X Y Z

6) The code for **MISS** is **NLTV**.
   Work out the code for **ACHE**. _____

   a) **BFIH**   b) **BFJK**   c) **BEIG**   d) **BEJK**   e) **BEJH**

7) The code for **VTCA** is **TRAY**.
   Work out the word for **IKXG**. _____

   a) **GIFT**   b) **GIRL**   c) **FIVE**   d) **FINE**   e) **GIVE**

8) The code for **FOWL** is **GQZP**.
   Work out the code for **SLIP**. _____

   a) **TOLT**   b) **TNTL**   c) **TNSL**   d) **TOTM**   e) **TNLT**

9) The code for **NAIL** is **REMP**.
   Work out the word for **XIWX**. _____

   a) **TERM**   b) **VEST**   c) **REST**   d) **TEST**   e) **PERM**

10) The code for **GEEL** is **EACH**.
    Work out the word for **PSPI**. _____

    a) **NINE**   b) **NONE**   c) **LONE**   d) **LOVE**   e) **MOVE**

11) The code for **RRLL** is **STOP**.
    Work out the code for **GONE**. _____

    a) **FMKA**   b) **EMKA**   c) **EMLB**   d) **ENLA**   e) **FNLA**

12) The code for **STAB** is **TSCZ**.
    Work out the code for **PLUS**. _____

    a) **QKXQ**   b) **OMSU**   c) **QLSQ**   d) **QKWQ**   e) **OKSU**

4. Similar Meanings

In these questions, find **one** word from **each** group that are closest in meaning. Choose **both** words from the options provided.
Example:
> **(sleep   run   walk)**   sleep
> **(smile   laugh   snooze)**   snooze
>
> a) **sleep**   b) **run**   c) **walk**   d) **smile**   e) **laugh**   f) **snooze**

Exercise 11: 4   Write the two words that are closest in meaning:

1) **(many   few   some)**
   (type   kind   lots)

   a) **many**   b) **few**   c) **some**   d) **type**   e) **kind**   f) **lots**

2) **(bead   mine   beat)**
   (hit   use   gold)

   a) **bead**   b) **mine**   c) **beat**   d) **hit**   e) **use**   f) **gold**

3) **(ask   speak   laugh)**
   (try   talk   forget)

   a) **ask**   b) **speak**   c) **laugh**   d) **try**   e) **talk**   f) **forget**

4) **(money   pay   cheque)**
   (cash   shopping   check)

   a) **money**   b) **pay**   c) **cheque**   d) **cash**   e) **shopping**   f) **check**

5) **(push   jump   slip)**
   (ice   slide   walk)

   a) **push**   b) **jump**   c) **slip**   d) **ice**   e) **slide**   f) **walk**

© 2016 Stephen Curran

6) (seaside holiday rock) _____
   (spade stone sand) _____

   a) seaside   b) holiday   c) rock   d) spade   e) stone   f) sand

7) (jump bounce trip) _____
   (leap slide swing) _____

   a) jump   b) bounce   c) trip   d) leap   e) slide   f) swing

8) (plate cup saucer) _____
   (tumbler face mug) _____

   a) plate   b) cup   c) saucer   d) tumbler   e) face   f) mug

9) (borrow fork spade) _____
   (shovel bucket pail) _____

   a) borrow   b) fork   c) spade   d) shovel   e) bucket   f) pail

10) (push pull stretch) _____
    (shave shift shove) _____

    a) push   b) pull   c) stretch   d) shave   e) shift   f) shove

11) (table chair bed) _____
    (sink stool chest) _____

    a) table   b) chair   c) bed   d) sink   e) stool   f) chest

12) (loop polo pool) _____
    (river stream pond) _____

    a) loop   b) polo   c) pool   d) river   e) stream   f) pond

5. Hidden Words

In these sentences, a hidden four-letter word can be found at the **end** of one word and the **beginning** of the next word. Choose the two words from the sentence provided and write the hidden word.

Example:

The pro**be st**reaked through outer space

Two words: _probe streaked_   Answer: _best_

Exercise 11: 5   Find the hidden word and write the two words it was made from:

1) Three envelopes had some cash inside.

   Two words: _____   Answer: _____

   a) **Three envelopes**   b) **envelopes had**   c) **had some**
   d) **some cash**   e) **cash inside**

2) My dog eats lots of food.

   Two words: _____   Answer: _____

   a) **My dog**   b) **dog eats**   c) **eats lots**   d) **lots of**   e) **of food**

3) Monday was pleasant and quite sunny.

   Two words: _____   Answer: _____

   a) **Monday was**   b) **was pleasant**   c) **pleasant and**
   d) **and quite**   e) **quite sunny**

4) Buses often run on busy roads.

   Two words: _____   Answer: _____

   a) **Buses often**   b) **often run**   c) **run on**   d) **on busy**
   e) **busy roads**

5) Motorcars drive fast on the motorway.

   Two words: _____   Answer: _____

   a) **Motorcars drive**   b) **drive fast**   c) **fast on**
   d) **on the**   e) **the motorway**

6) The packet has one crisp inside.

   Two words: _____   Answer: _____

   a) **The packet**   b) **packet has**   c) **has one**
   d) **one crisp**   e) **crisp inside**

7) Cats are less friendly than dogs.

   Two words: _____   Answer: _____

   a) **Cats are**   b) **are less**   c) **less friendly**
   d) **friendly than**   e) **than dogs**

8) The Pope arrived at the airport.

   Two words: _____   Answer: _____

   a) **The Pope**   b) **Pope arrived**   c) **arrived at**
   d) **at the**   e) **the airport**

9) Fred owned lots of furry animals.

   Two words: _____   Answer: _____

   a) **Fred owned**   b) **owned lots**   c) **lots of**
   d) **of furry**   e) **furry animals**

10) Sandra has suffered from a few illnesses.

    Two words: _____   Answer: _____

    a) **Sandra has**   b) **has suffered**   c) **suffered from**
    d) **a few**   e) **few illnesses**

11) Grandma steered the boat towards Dover.

    Two words: _____   Answer: _____

    a) **Grandma steered**   b) **steered the**   c) **the boat**
    d) **boat towards**   e) **towards Dover**

12) Some boys have stolen my bicycle.

    Two words: _____   Answer: _____

    a) **Some boys**   b) **boys have**   c) **have stolen**
    d) **stolen my**   e) **my bicycle**

6. Missing Words

In these sentences, the word in capitals has had three letters next to each other taken out. Find the three letters and put them back into the word without changing their order. Choose the correct three-letter word from the options provided.

Example:

John bought a new **COMER**.   COMP<u>UT</u>ER

a) **PAT**   b) **PET**   c) **POT**   d) **PUT**   e) **PIT**

Exercise 11: 6   Write the 3-letter word that will complete the word in bold type:  Score

1) Jeremy was eating some **SWICHES**.   _____

   a) **ARE**   b) **TIE**   c) **AND**   d) **IMP**   e) **ATE**

2) We grow **TOOES** in our greenhouse.   _____

   a) **MAT**   b) **MOT**   c) **NET**   d) **TEN**   e) **MET**

3) I received three **TERS** this morning.   _____

   a) **AND**   b) **RIP**   c) **LIT**   d) **END**   e) **LET**

4) **TENS** are just young cats.   _____

   a) **LET**   b) **LOT**   c) **KIT**   d) **LIT**   e) **LUG**

5) The **PR** of the book was £1.   _____

   a) **ICE**   b) **END**   c) **OIL**   d) **ARE**   e) **OAT**

6) It is very **PEFUL** in the countryside. _____

    a) **ATE**   b) **NOT**   c) **ACE**   d) **END**   e) **EAT**

7) The train will **DEP** in ten minutes. _____

    a) **RAT**   b) **ARM**   c) **ROT**   d) **ART**   e) **ACT**

8) My friend David is **BRIANT** at football. _____

    a) **ART**   b) **ILL**   c) **ALL**   d) **INK**   e) **ALE**

9) Dad was **MING** the broken window. _____

    a) **ILK**   b) **ALL**   c) **END**   d) **OLD**   e) **ICE**

10) The **FER** owned lots of animals. _____

    a) **EEL**   b) **ASK**   c) **USE**   d) **ARM**   e) **AND**

11) The prisoner **ESED** from the jail. _____

    a) **CAP**   b) **APE**   c) **ASK**   d) **OIL**   e) **OUT**

12) In a few **MIES** the test will start. _____

    a) **KEY**   b) **NOT**   c) **THE**   d) **NUT**   e) **CUT**

7. Substitution

In these questions, letters stand for numbers. Work out the answer to the sums, then choose the correct answer from the options provided.

Example:

A = 2, B = 3, C = 4, D = 5 and E = 1

What is the answer to this sum written as a letter?

A + B − E = ?   Answer __C__

a) A   b) B   c) C   d) D   e) E

Exercise 11: 7   Calculate the following:

1) A = 2, B = 3, C = 6, D = 5 and E = 1

What is the answer to this sum written as a letter?

A + B + E = ?   Answer _____

a) A   b) B   c) C   d) D   e) E

2) A = 4, B = 3, C = 12, D = 11 and E = 10

What is the answer to this sum written as a letter?

E − B + A = ?   Answer _____

a) A   b) B   c) C   d) D   e) E

3) A = 5, B = 3, C = 12, D = 2 and E = 8

What is the answer to this sum written as a letter?

E × B − C = ?   Answer _____

a) A   b) B   c) C   d) D   e) E

4) A = 5, B = 8, C = 2, D = 10 and E = 3

   What is the answer to this sum written as a letter?

   D – C – A = ?   Answer _____

   a) **A**   b) **B**   c) **C**   d) **D**   e) **E**

5) A = 2, B = 5, C = 3, D = 4 and E = 1

   What is the answer to this sum written as a letter?

   C × E + A = ?   Answer _____

   a) **A**   b) **B**   c) **C**   d) **D**   e) **E**

6) A = 7, B = 8, C = 9, D = 4 and E = 10

   What is the answer to this sum written as a letter?

   E + D – A = ?   Answer _____

   a) **A**   b) **B**   c) **C**   d) **D**   e) **E**

7) A = 2, B = 5, C = 1, D = 3 and E = 10

   What is the answer to this sum written as a letter?

   E ÷ A – D = ?   Answer _____

   a) **A**   b) **B**   c) **C**   d) **D**   e) **E**

8) A = 8, B = 4, C = 16, D = 12 and E = 5

   What is the answer to this sum written as a letter?

   A ÷ B × E – E = ?   Answer _____

   a) **A**   b) **B**   c) **C**   d) **D**   e) **E**

9) A = 1, B = 3, C = 4, D = 9 and E = 5

What is the answer to this sum written as a letter?

E – C + B – A = ? Answer _____

a) A   b) B   c) C   d) D   e) E

10) A = 3, B = 6, C = 2, D = 4 and E = 5

What is the answer to this sum written as a letter?

B ÷ C × A – B = ? Answer _____

a) A   b) B   c) C   d) D   e) E

11) A = 200, B = 5, C = 15, D = 50 and E = 150

What is the answer to this sum written as a letter?

A ÷ D × B – B = ? Answer _____

a) A   b) B   c) C   d) D   e) E

12) A = 13, B = 9, C = 18, D = 14 and E = 3

What is the answer to this sum written as a letter?

C ÷ B + E + B = ? Answer _____

a) A   b) B   c) C   d) D   e) E

8. Opposite Meanings

In each question, find the **two** words, one from each group, that have the most **opposite** meaning. Choose **both** words from the options provided.

Example:

  (up run walk)   up

  (smile laugh down)   down

  a) **up** b) **run** c) **walk** d) **smile** e) **laugh** f) **down**

Exercise 11: 8 Find the two words that have the most opposite meaning:

1) (top middle cork)
  (chair seat bottom)

 a) **top** b) **middle** c) **cork**
 d) **chair** e) **seat** f) **bottom**

2) (high talk tall)
  (bean trim short)

 a) **high** b) **talk** c) **tall** d) **bean** e) **trim** f) **short**

3) (line live cross)
  (nothing die never)

 a) **line** b) **live** c) **cross** d) **nothing** e) **die** f) **never**

4) (through under inside)
  (outside between back)

 a) **through** b) **under** c) **inside** d) **outside**
 e) **between** f) **back**

5) (awake alive answer)
  (tired naughty snoozing)

 a) **awake** b) **alive** c) **answer** d) **tired**
 e) **naughty** f) **snoozing**

6) **(few front side)**　　　　　　　　_____
   (forward many inside)　　　　　_____

   a) **few**   b) **front**   c) **side**   d) **forward**   e) **many**   f) **inside**

7) **(small first second)**　　　　　_____
   (runner minute last)　　　　　_____

   a) **small**   b) **first**   c) **second**   d) **runner**   e) **minute**   f) **last**

8) **(unhappy naughty silly)**　　　_____
   (annoyed cheerful pleased)　_____

   a) **unhappy**   b) **naughty**   c) **silly**   d) **annoyed**
   e) **cheerful**   f) **pleased**

9) **(knew new start)**　　　　　　　_____
   (old sold begin)　　　　　　　_____

   a) **knew**   b) **new**   c) **start**   d) **old**   e) **sold**   f) **begin**

10) **(broad bottom top)**　　　　　_____
    (raise narrow drop)　　　　　_____

    a) **broad**   b) **bottom**   c) **top**   d) **raise**   e) **narrow**   f) **drop**

11) **(lower raise move)**　　　　　_____
    (bottom higher lean)　　　　_____

    a) **lower**   b) **raise**   c) **move**   d) **bottom**   e) **higher**   f) **lean**

12) **(small hard round)**　　　　　_____
    (easy tiny smooth)　　　　　_____

    a) **small**   b) **hard**   c) **round**   d) **easy**   e) **tiny**   f) **smooth**

9. Arithmetic Equations

In each question, choose the missing number that will complete the question correctly from the options provided.

Example:

$25 + 12 = 20 + ?$ Answer __17__

a) 20   b) 18   c) 15   d) 17   e) 13

Exercise 11: 9   Write the number (not the letter) which will complete the sum:

Score

1) $20 \times 3 = 35 + ?$

   a) 28   b) 22   c) 23   d) 27   e) 25   Answer _____

2) $6 \times 3 = 30 - ?$

   a) 12   b) 7   c) 9   d) 11   e) 10   Answer _____

3) $3 \times 2 + 9 = 20 - ?$

   a) 1   b) 3   c) 5   d) 4   e) 2   Answer _____

4) $20 \div 4 + 5 = 3 \times 7 - ?$

   a) 13   b) 11   c) 10   d) 12   e) 9   Answer _____

5) $16 + 17 + 6 = 12 + 9 + ?$

   a) 16   b) 22   c) 15   d) 14   e) 18   Answer _____

6) $30 \div 6 + 9 = 2 \times ?$

    a) 8   b) 7   c) 4   d) 5   e) 6   Answer _____

7) $24 + 24 + 6 = 9 \times ?$

    a) 6   b) 4   c) 7   d) 8   e) 5   Answer _____

8) $18 + 17 = 15 + ?$

    a) 15   b) 17   c) 20   d) 13   e) 18   Answer _____

9) $3 + 4 + 9 = 2 \times 2 \times ?$

    a) 1   b) 3   c) 2   d) 4   e) 5   Answer _____

10) $36 \div 6 + 14 = 5 \times 5 - ?$

    a) 8   b) 2   c) 7   d) 5   e) 6   Answer _____

11) $21 + 7 + 3 = 4 \times 5 + ?$

    a) 15   b) 11   c) 12   d) 13   e) 14   Answer _____

12) $38 - 12 - 8 = 50 - 25 - ?$

    a) 7   b) 8   c) 5   d) 4   e) 6   Answer _____

© 2016 Stephen Curran

10. Letter Shifts

In these questions, one letter can be moved from the first word to the second word making two new words. The order of the letters must not be changed and the new words must make sense. Write the two new words.
Example:

CLIMB and **LOSE**   become   LIMB   and   CLOSE

Answer = __C__

a) **C**   b) **L**   c) **I**   d) **M**   e) **B**

Exercise 11: 10   Write the two new words and the letter that shifts:

Score

1) **PLANE** and **FAR**   become _____ and _____

   a) **P**   b) **L**   c) **A**   d) **N**   e) **E**   Answer = ____

2) **FLAME** and **SIP**   become _____ and _____

   a) **F**   b) **L**   c) **A**   d) **M**   e) **E**   Answer = ____

3) **PAINT** and **RED**   become _____ and _____

   a) **P**   b) **A**   c) **I**   d) **N**   e) **T**   Answer = ____

4) **CRAFT** and **ART**   become _____ and _____

   a) **C**   b) **R**   c) **A**   d) **F**   e) **T**   Answer = ____

5) **BLACK** and **TIE**   become _____ and _____

   a) **B**   b) **L**   c) **A**   d) **C**   e) **K**   Answer = ____

6) **GRASP** and **OWED**   become _____ and _____

   a) **G**   b) **R**   c) **A**   d) **S**   e) **P**   Answer = _____

7) **BLEND** and **OLD**   become _____ and _____

   a) **B**   b) **L**   c) **E**   d) **N**   e) **D**   Answer = _____

8) **STINK** and **BUS**   become _____ and _____

   a) **S**   b) **T**   c) **I**   d) **N**   e) **K**   Answer = _____

9) **TEASE** and **SPIN**   become _____ and _____

   a) **T**   b) **E**   c) **A**   d) **S**   e) **E**   Answer = _____

10) **IDEAL** and **PACE**   become _____ and _____

    a) **I**   b) **D**   c) **E**   d) **A**   e) **L**   Answer = _____

11) **DRAFT** and **MEN**   become _____ and _____

    a) **D**   b) **R**   c) **A**   d) **F**   e) **T**   Answer = _____

12) **TABLE** and **EAST**   become _____ and _____

    a) **T**   b) **A**   c) **B**   d) **L**   e) **E**   Answer = _____

11. Number Links

In these questions, the middle number in the last group is made up in the same way as the middle number in the first two groups. Write the missing number.

Example:

(5 [15] 10)   (8 [17] 9)
   (10 [?] 20)   30

a) 26   b) 28   c) 32   d) 30   e) 29

Exercise 11: 11   Write the missing number:

1) (4 [9] 5)   (6 [9] 3)
      (7 [?] 4)   Answer ____

   a) 22   b) 11   c) 13   d) 3   e) 28

2) (3 [18] 6)   (7 [28] 4)
      (5 [?] 7)   Answer ____

   a) 34   b) 35   c) 29   d) 31   e) 33

3) (3 [14] 4)   (4 [18] 5)
      (6 [?] 5)   Answer ____

   a) 25   b) 24   c) 18   d) 23   e) 22

4) (5 [11] 5)   (6 [14] 7)
      (10 [?] 8)   Answer ____

   a) 28   b) 18   c) 19   d) 14   e) 23

5) (27 [19] 8)   (30 [14] 16)
      (26 [?] 17)   Answer ____

   a) 9   b) 12   c) 10   d) 21   e) 11

6) (10 [14] 5)   (12 [19] 8)
   (15 [?] 10)   Answer _____

   a) 25   b) 23   c) 21   d) 15   e) 24

7) (19 [46] 27)   (25 [40] 15)
   (12 [?] 24)   Answer _____

   a) 12   b) 36   c) 24   d) 18   e) 30

8) (12 [3] 4)   (18 [3] 6)
   (24 [?] 4)   Answer _____

   a) 8   b) 7   c) 20   d) 6   e) 28

9) (10 [22] 11)   (12 [25] 12)
   (8 [?] 17)   Answer _____

   a) 20   b) 22   c) 25   d) 26   e) 28

10) (6 [26] 4)   (3 [20] 6)
    (5 [?] 5)   Answer _____

    a) 25   b) 17   c) 30   d) 27   e) 28

11) (12 [11] 23)   (9 [23] 32)
    (7 [?] 25)   Answer _____

    a) 16   b) 32   c) 18   d) 24   e) 21

12) (5 [9] 45)   (9 [4] 36)
    (7 [?] 35)   Answer _____

    a) 44   b) 26   c) 5   d) 28   e) 42

A B C D E F G H I J K L M N O P Q R S T U V W X Y Z

12. Letter Sequencing

The above alphabet is there to help you with these questions. Study the patterns in the sequence and write the next two letters.

Example:

$\quad$ AB BC CD DE EF __FG__

$\quad$ a) GH   b) EG   c) EF   d) FG   e) GF

Exercise 11: 12 Write the next letters in the sequence:

1) AJ BI CH DG EF ____

   a) FE   b) FD   c) GE   d) HD   e) GH

2) NK PM RO TQ VS ____

   a) WT   b) XV   c) XU   d) VT   e) VU

3) QR PP ON NL MJ ____

   a) LH   b) MI   c) LI   d) MK   e) ML

4) CZ BY AX ZW YV ____

   a) ZV   b) WX   c) WV   d) XW   e) XU

5) KL LM MN NO OP ____

   a) PR   b) OQ   c) OR   d) PQ   e) OS

A B C D E F G H I J K L M N O P Q R S T U V W X Y Z

6) **RH PJ NL LN JP** ____

   a) **KS**   b) **HR**   c) **HT**   d) **HQ**   e) **HS**

7) **AB EF IJ MN QR** ____

   a) **UT**   b) **VT**   c) **UV**   d) **VS**   e) **RS**

8) **US VT WU XV YW** ____

   a) **ZX**   b) **XZ**   c) **ZY**   d) **XY**   e) **YZ**

9) **GB FD EF DH CJ** ____

   a) **AM**   b) **BL**   c) **BM**   d) **BK**   e) **AK**

10) **RR NP JN FL BJ** ____

    a) **XI**   b) **XG**   c) **XJ**   d) **XH**   e) **YI**

11) **RG SH UJ XM BQ** ____

    a) **GY**   b) **GV**   c) **HV**   d) **HW**   e) **HY**

12) **QM OO MQ KS IU** ____

    a) **FV**   b) **FW**   c) **FX**   d) **GW**   e) **FU**

13. Analogies

In these questions, find **one** word from **each** group that will complete the analogy in the best way. Choose **both** words from the options provided.

Example:

    Time is to (first second third)   *second*

    as **distance** is to (gram kilo metre)   *metre*

    a) **first** b) **second** c) **third** d) **gram** e) **kilo** f) **metre**

Exercise 11: 13   Write the two words that complete the analogy:

1) **Top** is to (lid bottom win)   _____

   as **inside** is to (outside closed trapped)   _____

   a) **lid** b) **bottom** c) **win** d) **outside** e) **closed** f) **trapped**

2) **Grass** is to (long green tall)   _____

   as **corn** is to (flour flake yellow)   _____

   a) **long** b) **green** c) **tall** d) **flour** e) **flake** f) **yellow**

3) **Cow** is to (field bull herd)   _____

   as **sheep** is to (flock wool lamb)   _____

   a) **field** b) **bull** c) **herd** d) **flock** e) **wool** f) **lamb**

4) **Sum** is to (add some total)   _____

   as **sun** is to (moon planet son)   _____

   a) **add** b) **some** c) **total** d) **moon** e) **planet** f) **son**

5) **Octagon** is to (six seven eight)   _____

   as **pentagon** is to (four five six)   _____

   a) **six** b) **seven** c) **eight** d) **four** e) **five** f) **six**

6) **Cheap** is to (bird   expect   expensive)   _____

   as **always** is to (sometimes   often   never)   _____

   a) **bird**   b) **expect**   c) **expensive**   d) **sometimes**
   e) **often**   f) **never**

7) **Clean** is to (wash   sparkle   dirty)   _____

   as **brush** is to (dust   sweep   scrape)   _____

   a) **wash**   b) **sparkle**   c) **dirty**   d) **dust**   e) **sweep**   f) **scrape**

8) **Divide** is to (change   remainder   multiply)   _____

   as **add** is to (subtract   equals   plus)   _____

   a) **change**   b) **remainder**   c) **multiply**   d) **sutract**
   e) **equals**   f) **plus**

9) **Hand** is to (mouth   arm   glove)   _____

   as **foot** is to (toes   sock   ball)   _____

   a) **mouth**   b) **arm**   c) **glove**   d) **toes**   e) **sock**   f) **ball**

10) **Sea** is to (beach   see   shore)   _____

    as **tide** is to (waves   tied   water)   _____

    a) **beach**   b) **see**   c) **shore**   d) **waves**   e) **tied**   f) **water**

11) **Banana** is to (fruit   custard   curved)   _____

    as **onion** is to (cry   ring   vegetable)   _____

    a) **fruit**   b) **custard**   c) **curved**   d) **cry**   e) **ring**   f) **vegetable**

12) **Light** is to (sun   bulb   heavy)   _____

    as **tight** is to (mean   loose   close)   _____

    a) **sun**   b) **bulb**   c) **heavy**   d) **mean**   e) **loose**   f) **close**

14. Secret Codes

In these questions there are four words. Three of the words have been given a code. The codes are not written in the same order as the words. Work out the code for the given word.

Example:

TEA   TAP   PAT   POT
421   452   124

Work out the code for **APE**.   __215__

a) **312**   b) **341**   c) **215**   d) **521**   e) **241**

Exercise 11: 14   Work out the code:

Score

FAR   ARE   EAT   OAK
963   679   167

1) Work out the code for **TEAR**. _____

   a) **3976**   b) **6937**   c) **3967**   d) **6963**   e) **6397**

2) Work out the code for **FATE**. _____

   a) **1639**   b) **6319**   c) **1369**   d) **1693**   e) **6391**

3) Work out the word for **7639**. _____

   a) **REAR**   b) **FEAR**   c) **TART**   d) **FRET**   e) **RATE**

MILE   SLIM   MEAN   LIME
6738   3845   3768

4) Work out the code for **LINEN**. _____

   a) **67484**   b) **67858**   c) **67584**   d) **67585**   e) **67464**

5) Work out the code for **MALE**. _____

   a) **3648**   b) **3686**   c) **3468**   d) **3685**   e) **3684**

6) Work out the word for **6845**. _____

   a) **LEAN**   b) **MINE**   c) **LINE**   d) **SLAM**   e) **LENS**

LOST   HELP   MINT   TOLD
7413   8927   1457

7) Work out the code for **LION**. _____

   a) **1492**   b) **1495**   c) **1942**   d) **1924**   e) **1945**

8) Work out the code for **TINS**. _____

   a) **7952**   b) **7945**   c) **7592**   d) **7594**   e) **7925**

9) Work out the word for **8957**. _____

   a) **MOST**   b) **MIST**   c) **LOTS**   d) **SLOT**   e) **SLIM**

FLEA   CALF   FILE   EASE
9824   6876   4268

10) Work out the code for **FACES**. _____

    a) **48976**   b) **49876**   c) **48956**   d) **48967**   e) **49679**

11) Work out the code for **LEAF**. _____

    a) **2846**   b) **2684**   c) **8264**   d) **2864**   e) **8246**

12) Work out the word for **79826**. _____

    a) **FAILS**   b) **SCALE**   c) **CLIFF**   d) **FALSE**   e) **SEALS**

STAY   MAST   MANY   SEAT
5163   6413   6312

13) Work out the code for **TEAM**. _____

   a) **3514**   b) **3416**   c) **3415**   d) **4316**   e) **4356**

14) Work out the code for **MESS**. _____

   a) **5466**   b) **5433**   c) **5644**   d) **3566**   e) **3455**

15) Work out the word for **3154**. _____

   a) **MATE**   b) **TAME**   c) **MANY**   d) **SAME**   e) **TEST**

TRIP   PART   RAIL   ROAD
5418   1743   1426

16) Work out the code for **DART**. _____

   a) **3814**   b) **3481**   c) **3781**   d) **3418**   e) **3817**

17) Work out the code for **TROD**. _____

   a) **8473**   b) **8471**   c) **8131**   d) **8173**   e) **8731**

18) Work out the word for **81246**. _____

   a) **TRIAL**   b) **DRAIN**   c) **TRAIL**   d) **DRILL**   e) **TRILL**

15. One Word Patterns

In these questions there are three pairs of words. The last pair of words is made up in the **same way** as the first two pairs. Work out the missing word.

Example:

Find the missing word:

(grind grin) (fore for)
(piper ?)   _pipe_

a) **ripe**   b) **pier**   c) **pipe**   d) **peep**   e) **pine**

Exercise 11: 15   Work out the missing word:

Score

1) **(vile evil) (reef free)**
   (ours ?)   _____

   a) **soup**   b) **stir**   c) **step**   d) **sour**   e) **stop**

2) **(keep peek) (deal lead)**
   (dear ?)   _____

   a) **read**   b) **dare**   c) **dear**   d) **rare**   e) **rear**

3) **(trap part) (pans snap)**
   (flog ?)   _____

   a) **gulf**   b) **flag**   c) **logs**   d) **slog**   e) **golf**

4) **(sick tick) (book cook)**
   (last ?)   _____

   a) **past**   b) **fast**   c) **vast**   d) **mast**   e) **cast**

5) **(sneers see) (gained din)**
   (crater ?)   _____

   a) **cat**   b) **tar**   c) **rat**   d) **art**   e) **arc**

© 2016 Stephen Curran

6) (photos shop)   (priced drip)
   (pliers   ?)   _____

   a) slip   b) sire   c) lies   d) pies   e) lips

7) (roar oar)   (doll old)
   (team   ?)   _____

   a) ate   b) eat   c) mat   d) met   e) ear

8) (called lead)   (matter tear)
   (dagger   ?)   _____

   a) rage   b) drag   c) read   d) gear   e) dear

9) (piper ripe)   (mowed dome)
   (newts   ?)   _____

   a) sent   b) went   c) west   d) nest   e) stew

10) (clear race)   (tread date)
    (dream   ?)   _____

    a) dame   b) mare   c) made   d) dare   e) dear

11) (dare read)   (rage gear)
    (post   ?)   _____

    a) opts   b) stop   c) spot   d) pots   e) pops

12) (and sanded)   (eat seated)
    (had   ?)   _____

    a) shadow   b) shared   c) shaped   d) shaded   e) shaved

16. Number Sequencing

In each question, choose the next number in the sequence from the options provided.

Example:

    5, 10, 15, 20, 25, ?   Answer __30__

    a) 20   b) 25   c) 40   d) 30   e) 35

Exercise 11 : 16   Write the next number in the sequence:

Score

1) 5, 8, 11, 14, 17, ?   Answer _____

   a) 21   b) 23   c) 19   d) 20   e) 22

2) 10, 11, 13, 14, 16, 17, ?   Answer _____

   a) 18   b) 21   c) 22   d) 19   e) 20

3) 27, 23, 19, 15, 11, ?   Answer _____

   a) 9   b) 10   c) 7   d) 11   e) 8

4) 1, 2, 4, 7, 11, 16, ?   Answer _____

   a) 22   b) 21   c) 23   d) 19   e) 20

5) 25, 26, 28, 29, 31, ?   Answer _____

   a) 32   b) 35   c) 36   d) 34   e) 33

© 2016 Stephen Curran

6) **20, 17, 18, 18, 16, 19, ?** Answer _____
   a) **16**   b) **18**   c) **15**   d) **13**   e) **14**

7) **27, 26, 24, 21, 17, ?** Answer _____
   a) **16**   b) **12**   c) **15**   d) **13**   e) **11**

8) **12, 11, 9, 8, 6, ?** Answer _____
   a) **4**   b) **2**   c) **3**   d) **1**   e) **5**

9) **47, 52, 57, 62, 67, 72, ?** Answer _____
   a) **77**   b) **74**   c) **76**   d) **75**   e) **73**

10) **2, 4, 8, 16, ?** Answer _____
   a) **20**   b) **48**   c) **24**   d) **32**   e) **28**

11) **17, 16, 18, 17, 19, ?** Answer _____
   a) **17**   b) **18**   c) **16**   d) **21**   e) **20**

12) **45, 47, 50, 52, 55, ?** Answer _____
   a) **60**   b) **58**   c) **57**   d) **62**   e) **59**

17. Compound Words

In these questions find **one** word from **each** group that makes one correctly spelt compound word when joined together. The word from the first group always comes first. Choose **both** words from the options provided and write the new word.

Example:

    (motor gas electric)   _motor_ and _cycle_
    (engine bus cycle)   Answer: _motorcycle_

  a) **motor**   b) **gas**   c) **electric**   d) **engine**   e) **bus**   f) **cycle**

Exercise 11: 17   Write the two words and the new compound word:

1) **(small thin smack)**   _____ and _____
   (king boy man)   Answer: _____

  a) **small** b) **thin** c) **smack** d) **king** e) **boy** f) **man**

2) **(no not cloth)**   _____ and _____
   (wear some thing)   Answer: _____

  a) **no** b) **not** c) **cloth** d) **wear** e) **some** f) **thing**

3) **(bean carrot pea)**   _____ and _____
   (leaf nut top)   Answer: _____

  a) **bean** b) **carrot** c) **pea** d) **leaf** e) **nut** f) **top**

4) **(steal beg ask)**   _____ and _____
   (on out in)   Answer: _____

  a) **steal** b) **beg** c) **ask** d) **on** e) **out** f) **in**

5) **(not never new)**   _____ and _____
   (ice snow hail)   Answer: _____

  a) **not** b) **never** c) **new** d) **ice** e) **snow** f) **hail**

© 2016 Stephen Curran

6) (point direct show) _____ and _____
   (or are met)   Answer: _____

   a) **point**   b) **direct**   c) **show**   d) **or**   e) **are**   f) **met**

7) (day weak week)   _____ and _____
   (tip top end)   Answer: _____

   a) **day**   b) **weak**   c) **week**   d) **tip**   e) **top**   f) **end**

8) (chair desk bed)   _____ and _____
   (table room seat)   Answer: _____

   a) **chair**   b) **desk**   c) **bed**   d) **table**   e) **room**   f) **seat**

9) (with able trip)   _____ and _____
   (on out up)   Answer: _____

   a) **with**   b) **able**   c) **trip**   d) **on**   e) **out**   f) **up**

10) (over into under)   _____ and _____
    (sit crouch stand) Answer: _____

    a) **over**   b) **into**   c) **under**   d) **sit**   e) **crouch**   f) **stand**

11) (import export sport) _____ and _____
    (bug ant fly)   Answer: _____

    a) **import**   b) **export**   c) **sport**   d) **bug**   e) **ant**   f) **fly**

12) (no go so)   _____ and _____
    (leg are wing)   Answer: _____

    a) **no**   b) **go**   c) **so**   d) **leg**   e) **are**   f) **wing**

18. Two Word Patterns

In these questions, the word in the middle of the second group is made in the **same way** as the word in the middle of the first group. Fill in the word that is missing in the second group.

Example:

Fill in the missing word:

(lint [liner] term)   (drop [_drove_] even)

a) **prove**   b) **drove**   c) **roped**   d) **rover**   e) **prone**

Score

Exercise 11: 18   Fill in the missing word:

1) **(file [list] sat)   (beds [_____] nut)**

   a) **bust**   b) **dent**   c) **dust**   d) **dune**   e) **bent**

2) **(bond [moan] same)   (yell [_____] cart)**

   a) **rely**   b) **rear**   c) **tear**   d) **real**   e) **care**

3) **(stay [best] beam)   (apes [_____] tree)**

   a) **trap**   b) **tear**   c) **part**   d) **tape**   e) **pear**

4) **(slip [pale] lace)   (over [_____] name)**

   a) **rove**   b) **move**   c) **mane**   d) **rave**   e) **moan**

5) **(bike [sack] cash)   (send [_____] walk)**

   a) **sawn**   b) **sane**   c) **lane**   d) **lawn**   e) **wane**

6) (tale [lame] milk)   (dune [_____] lark)

    a) **dale**   b) **rule**   c) **dark**   d) **dare**   e) **rare**

7) (date [lace] calm)   (much [_____] tape)

    a) **chum**   b) **chap**   c) **path**   d) **meat**   e) **pace**

8) (stem [last] call)   (area [_____] near)

    a) **rear**   b) **earn**   c) **rare**   d) **rate**   e) **ream**

9) (lead [sold] lost)   (mole [_____] bath)

    a) **tame**   b) **mate**   c) **meat**   d) **tale**   e) **meal**

10) (bald [made] team)   (free [_____] owed)

    a) **draw**   b) **drew**   c) **ford**   d) **fore**   e) **dare**

11) (plan [lean] hole)   (road [_____] ogre)

    a) **gear**   b) **rage**   c) **dare**   d) **roar**   e) **read**

19. Word Links

In these questions there are two pairs of words. One of the five answers will go **equally well** with **both** pairs of words. Choose the word from the options provided.

Example:

(steady   firm)
(barn   shed)   Answer: _stable_

a) **office**   b) **chain**   c) **beach**   d) **farm**   e) **stable**

Exercise 11: 19   Find the word that will go with both pairs of words:

Score

1) **(twig   branch)**
   (glue   paste)   Answer: _____

   a) **bush**   b) **cement**   c) **gum**   d) **stick**   e) **tree**

2) **(hold   touch)**
   (lever   knob)   Answer: _____

   a) **button**   b) **grip**   c) **grab**   d) **handle**   e) **lock**

3) **(teach   train)**
   (bus   tram)   Answer: _____

   a) **tell**   b) **instruct**   c) **trolley**   d) **coach**   e) **rail**

4) **(area   patch)**
   (plan   conspiracy)   Answer: _____

   a) **pitch**   b) **arena**   c) **collude**   d) **field**   e) **plot**

5) **(sphere   globe)**
   (dance   party)   Answer: _____

   a) **disco**   b) **ball**   c) **earth**   d) **bat**   e) **drop**

© 2016 Stephen Curran

6) (reserve   order)
   (novel   story)   Answer: _____
   a) hold   b) keep   c) book   d) volume   e) tale

7) (above   on top)
   (finished   ended)   Answer: _____
   a) tip   b) stopped   c) under   d) over   e) point

8) (juice   drink)
   (flatten   splatter)   Answer: _____
   a) orange   b) squash   c) squelch   d) lemon   e) hit

9) (scrape   rub)
   (folder   binder)   Answer: _____
   a) book   b) sand   c) brush   d) file   e) wallet

10) (tin   container)
    (permitted   allowed)   Answer: _____
    a) jar   b) let   c) can   d) box   e) tub

11) (sparkling   shiny)
    (intelligent   clever)   Answer: _____
    a) bright   b) smart   c) genius   d) sunny   e) light

12) (stop   finish)
    (tip   point)   Answer: _____
    a) top   b) end   c) cease   d) complete   e) change

A B C D E F G H I J K L M N O P Q R S T U V W X Y Z

20. More Alphabet Codes

The above alphabet is there to help you with these questions. Work out the letters that complete each question in the best way.

Example:
  DE is to **FG** as **ST** is to ___UV___

  a) **SU**   b) **WU**   c) **ST**   d) **UV**   e) **VU**

Exercise 11: 20 Write the letters that complete the code:

1) **DF** is to **EG** as **XY** is to _____

   a) **YZ**   b) **WX**   c) **WZ**   d) **YA**   e) **WA**

2) **AB** is to **CD** as **GI** is to _____

   a) **IK**   b) **JJ**   c) **IJ**   d) **JK**   e) **HJ**

3) **FK** is to **CH** as **PR** is to _____

   a) **NO**   b) **MQ**   c) **MO**   d) **MP**   e) **NQ**

4) **UW** is to **VV** as **NR** is to _____

   a) **QR**   b) **PR**   c) **OP**   d) **QP**   e) **OQ**

5) **KD** is to **ME** as **JC** is to _____

   a) **LE**   b) **LD**   c) **LC**   d) **MC**   e) **ME**

A B C D E F G H I J K L M N O P Q R S T U V W X Y Z

6) **XT** is to **WV** as **AZ** is to _____

   a) ZB   b) BZ   c) AB   d) AZ   e) AY

7) **QZ** is to **TY** as **DV** is to _____

   a) FU   b) FV   c) GU   d) EV   e) EU

8) **TQ** is to **VO** as **VX** is to _____

   a) WY   b) YW   c) YZ   d) YV   e) XV

9) **JO** is to **NK** as **FH** is to _____

   a) JD   b) KF   c) KE   d) KD   e) JE

10) **QD** is to **OE** as **TE** is to _____

    a) SG   b) SF   c) RG   d) RF   e) SH

11) **DH** is to **GF** as **WP** is to _____

    a) AN   b) AO   c) ZN   d) AQ   e) YQ

12) **KB** is to **LX** as **DU** is to _____

    a) FN   b) FO   c) EN   d) EQ   e) ER

21. Logical Reasoning

Each question gives you some information that you need to read in order to work out the answer.

Exercise 11: 21 Work out the answers to the following:

1) John, Mary, Peter, Camilla and Joe were given their pocket money on Friday night.

   Mary received £2 more than Peter.
   John received £1 more than Camilla, but £3 less than Mary.
   Camilla received £4. Joe received nothing because he was naughty last week.

   Which child received the most pocket money? _____

2) Alice, Caroline and Rebecca all had soup for their lunch. Alice had a brown roll and Rebecca had a white roll. Caroline and Rebecca had a chocolate biscuit afterwards, whilst Alice had an apple.

   Only one of the following statements must be true:

   a) Alice had some soup, a roll and a biscuit.
   b) Alice ate Caroline's apple.
   c) Rebecca and Caroline ate the same things.
   d) Alice doesn't like chocolate.
   e) Caroline ate less than the others. _____

3) Mr Wilson, Mr Pike and Mr Jones all work in the town centre.

   Mr Wilson sets off from home at 7am and gets to work at 9am, which is exactly the same time as Mr Jones who set off at 8.30am. Mr Pike starts his journey at 7.30am. It takes him half as long as Mr Wilson to get to work.

   At what time does Mr Pike arrive at work? _____

4) If the day before yesterday was Wednesday, then what day will tomorrow be? _____

5) Nick, Emily, Matthew, Helen and Dave spend the day visiting a medieval castle. They want to get to the top of the castle tower and start climbing the old spiral staircase.

Nick is three steps below Matthew.
Helen is five steps below Emily.
Matthew is one step above Emily.
Dave is on the step above Helen.

Who is the first person to reach the top of the tower? _____

6) Richard, Judy, Ian and Melissa are sitting around the four sides of a square table.

Richard will not sit opposite Judy.

Ian and Melissa don't like Judy.
Judy will not sit next to Melissa.
Robert forgot that there was a meeting.
Melissa likes to sit opposite Robert.

Who is sitting opposite Richard? _____

7) Wayne, Barbara, Saeeda, Malcolm and Monique are all in Mrs Cohn's class at St Michael's school. Every day she gives the children merit points for good work.

Wayne, Barbara, Saeeda, Malcolm are given 4 merit points on Monday.
Saeeda, Monique and Malcolm are given 5 merit points on Tuesday.
Malcolm and Barbara are given 3 merit points on Wednesday.
Barbara and Wayne are given 6 merit points on Thursday.
Monique and Wayne are given 3 merit points on Friday.

Which two children are given the same number of merit points altogether in the week? _____ & _____

8) Mr and Mrs Johnson have three children.
Sally is half as old as Mark.
Julie will be 8 next year.
Mark is 3 years older than Julie.

How many years old is Sally? _____

Multiple-choice Answer Sheet
11+ Verbal Activity Year 4/5 Workbook 4

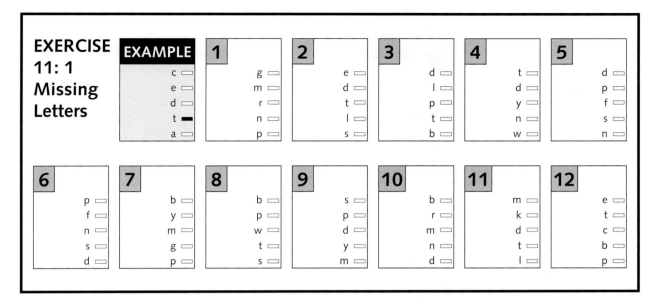

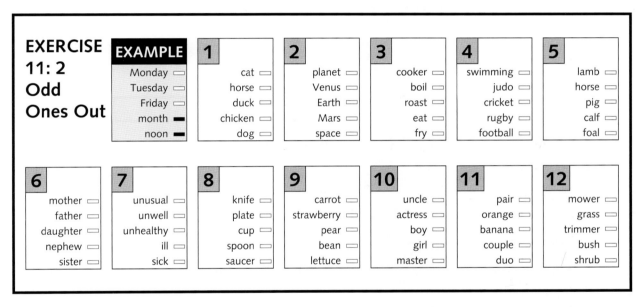

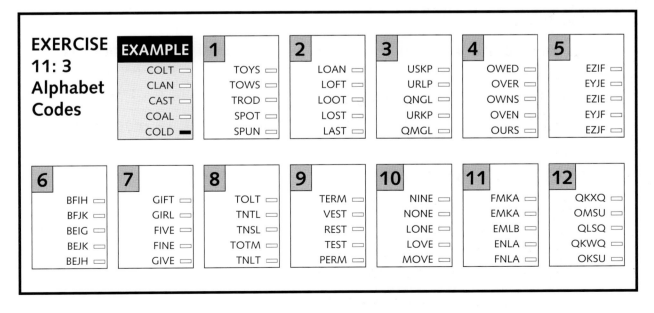

Multiple-choice Answer Sheet
11+ Verbal Activity Year 4/5 Workbook 4

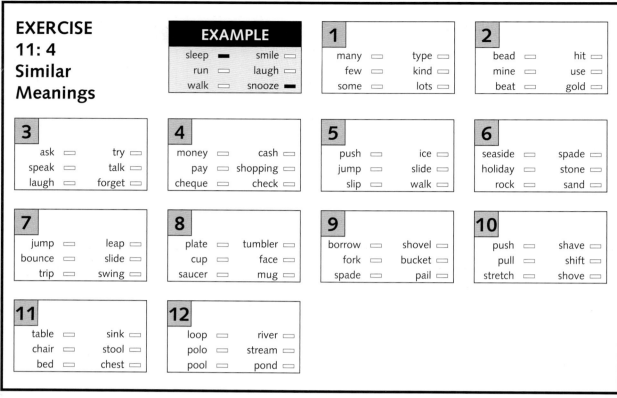

Multiple-choice Answer Sheet
11+ Verbal Activity Year 4/5 Workbook 4

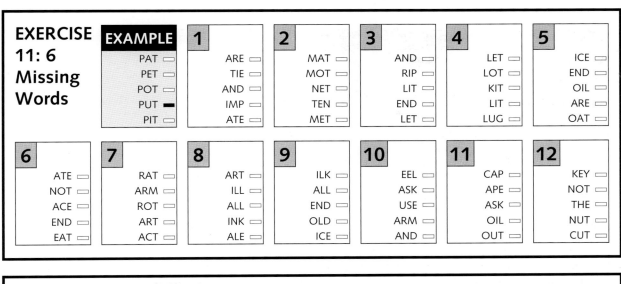
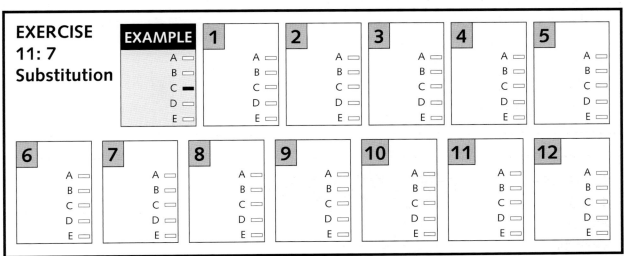
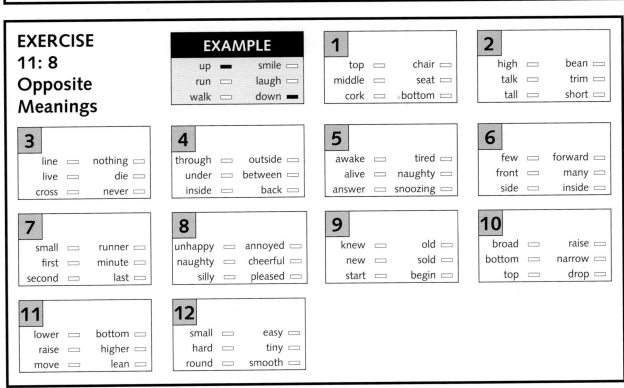

Multiple-choice Answer Sheet
11+ Verbal Activity Year 4/5 Workbook 4

EXERCISE 11: 9 Arithmetic Equations

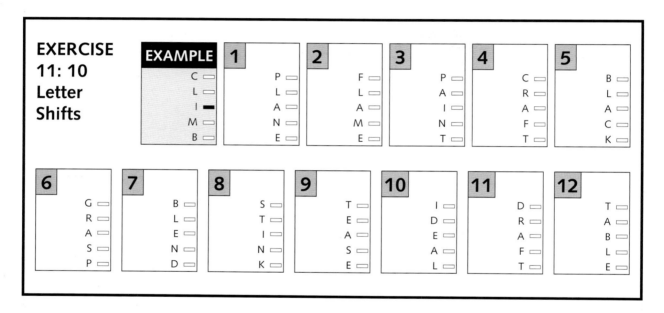

EXERCISE 11: 10 Letter Shifts

EXERCISE 11: 11 Number Links

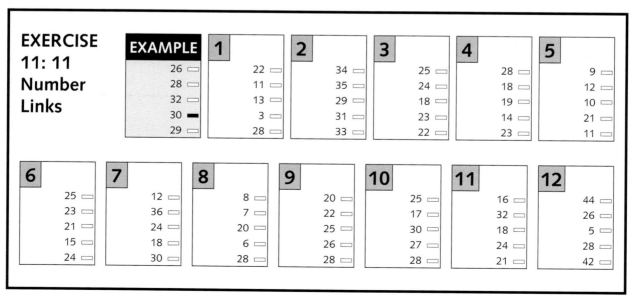

Multiple-choice Answer Sheet
11+ Verbal Activity Year 4/5 Workbook 4

EXERCISE 11: 12 Letter Sequencing

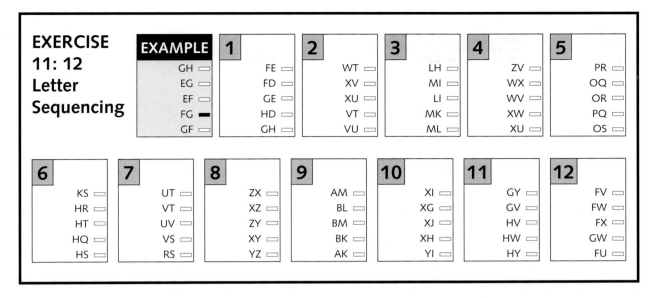

Multiple-choice Answer Sheet
11+ Verbal Activity Year 4/5 Workbook 4

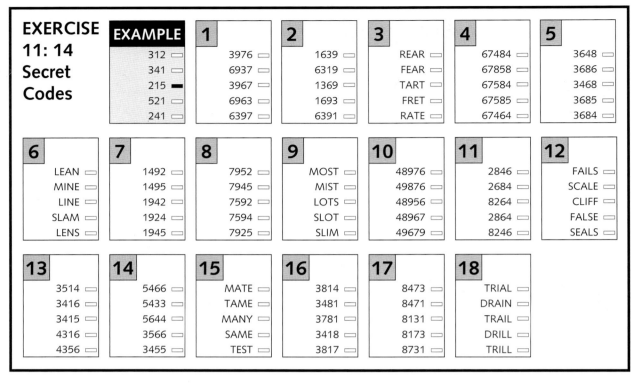

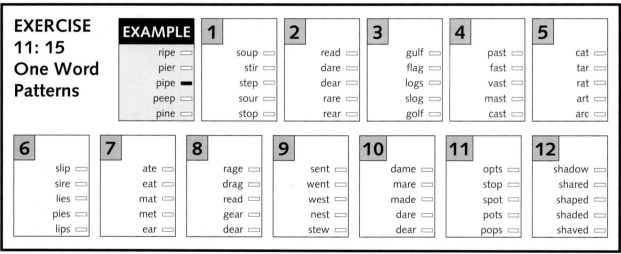

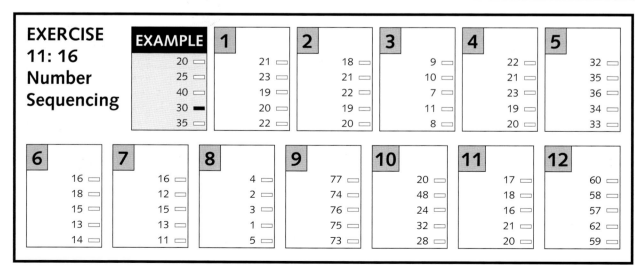

Multiple-choice Answer Sheet
11+ Verbal Activity Year 4/5 Workbook 4

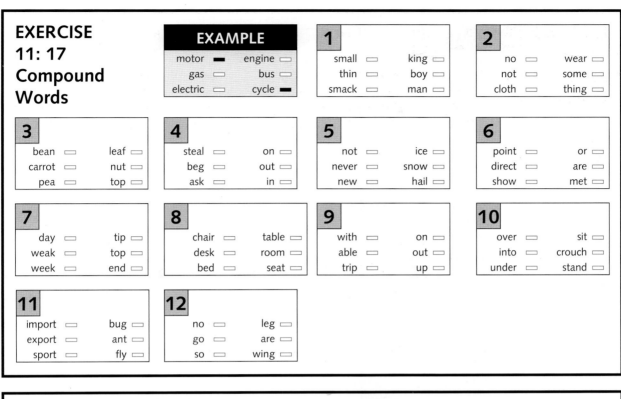

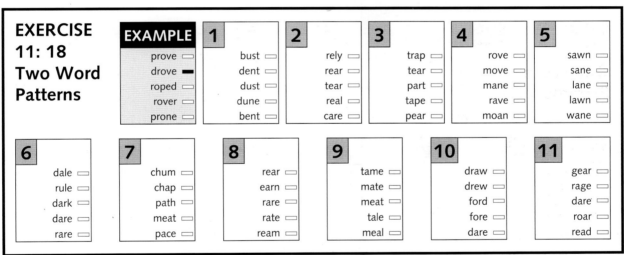

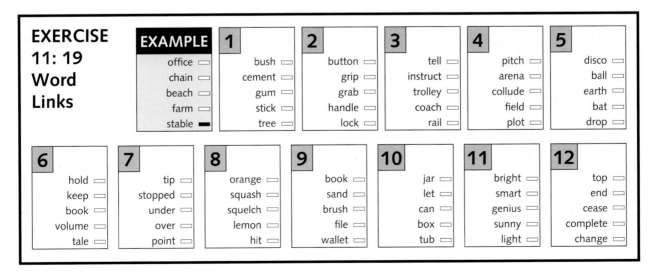

Multiple-choice Answer Sheet
11+ Verbal Activity Year 4/5 Workbook 4

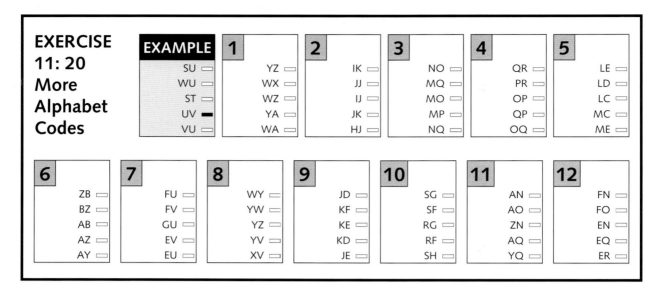

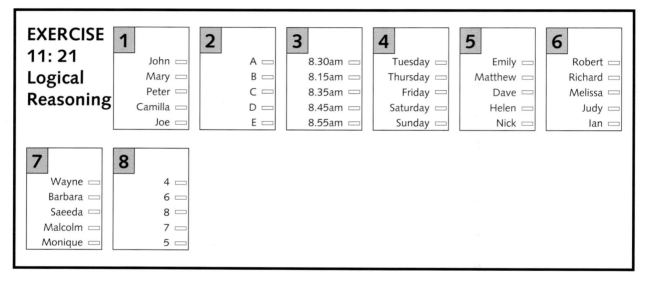

Answers

11+ Verbal Activity Year 4/5 Workbook 4

Chapter 11
Additional Practice Questions

Exercise 11: 1
1) g
2) l
3) p
4) y
5) n
6) f
7) b
8) w
9) y
10) r
11) l
12) b

Exercise 11: 2
1) duck chicken
2) planet space
3) cooker eat
4) swimming judo
5) horse pig
6) father nephew
7) ill sick
8) knife spoon
9) strawberry pear
10) actress girl
11) orange banana
12) mower trimmer

Exercise 11: 3
1) TOYS
2) LOST
3) URKP
4) OVER
5) EZIE
6) BFIH
7) GIVE
8) TNLT
9) TEST
10) NONE
11) FMKA
12) QKWQ

Exercise 11: 4
1) many lots
2) beat hit
3) speak talk
4) money cash
5) slip slide
6) rock stone
7) jump leap
8) cup mug
9) spade shovel
10) push shove
11) chair stool
12) pool pond

Exercise 11: 5
1) cash inside
2) eats lots
3) was pleasant
4) Buses often
5) the motorway
6) crisp inside
7) than dogs
8) Pope arrived
9) Fred owned
10) few illnesses
11) Grandma steered
12) have stolen

Exercise 11: 6
1) AND
2) MAT
3) LET
4) KIT
5) ICE
6) ACE
7) ART
8) ILL
9) END
10) ARM
11) CAP
12) NUT

Answers

*11+ Verbal Activity
Year 4/5 Workbook 4*

Exercise 11: 7
1) C
2) D
3) C
4) E
5) B
6) A
7) A
8) E
9) B
10) A
11) C
12) D

Exercise 11: 8
1) top bottom
2) tall short
3) live die
4) inside outside
5) awake snoozing
6) few many
7) first last
8) unhappy cheerful
9) new old
10) broad narrow
11) lower higher
12) hard easy

Exercise 11: 9
1) 25
2) 12
3) 5
4) 11
5) 18
6) 7
7) 6
8) 20
9) 4
10) 5
11) 11
12) 7

Exercise 11: 10
1) PLAN & FEAR or FARE (E)
2) FAME & SLIP (L)
3) PINT & READ (A)
4) RAFT & CART (C)
5) BACK & TILE (L)
6) GASP & ROWED (R)
7) LEND & BOLD (B)
8) SINK & BUST (T)
9) TEAS & SPINE (E)
10) IDEA & PLACE (L)
11) RAFT & MEND (D)
12) TALE & BEAST (B)

Exercise 11: 11
1) 11
2) 35
3) 22
4) 19
5) 9
6) 24
7) 36
8) 6
9) 26
10) 27
11) 18
12) 5

Exercise 11: 12
1) FE
2) XU
3) LH
4) XU
5) PQ
6) HR
7) UV
8) ZX
9) BL
10) XH
11) GV
12) GW

Answers

11+ Verbal Activity
Year 4/5 Workbook 4

Exercise 11: 13
1) bottom outside
2) green yellow
3) herd flock
4) some son
5) eight five
6) expensive never
7) wash sweep
8) multiply subtract
9) glove sock
10) see tied
11) fruit vegetable
12) heavy loose

Exercise 11: 14
1) 3967
2) 1639
3) RATE
4) 67585
5) 3468
6) LEAN
7) 1942
8) 7925
9) MIST
10) 48967
11) 2684
12) SCALE
13) 3415
14) 5466
15) TAME
16) 3418
17) 8173
18) TRIAL

Exercise 11: 15
1) sour
2) read
3) golf
4) mast
5) rat
6) slip
7) eat
8) gear
9) sent
10) made
11) stop
12) shaded

Exercise 11: 16
1) 20
2) 19
3) 7
4) 22
5) 32
6) 14
7) 12
8) 5
9) 77
10) 32
11) 18
12) 57

Exercise 11: 17
1) thin king
2) no thing
3) pea nut
4) beg in
5) not ice
6) direct or
7) week end
8) bed room
9) with out
10) under stand
11) import ant
12) so wing

Exercise 11: 18
1) dent
2) real
3) trap
4) rave
5) lawn
6) rule
7) path
8) rear
9) tame
10) drew
11) read

*11+ Verbal Activity
Year 4/5 Workbook 4*

Answers

Exercise 11: 19
1) stick
2) handle
3) coach
4) plot
5) ball
6) book
7) over
8) squash
9) file
10) can
11) bright
12) end

Exercise 11: 20
1) YZ
2) IK
3) MO
4) OQ
5) LD
6) ZB
7) GU
8) XV
9) JD
10) RF
11) ZN
12) EQ

Exercise 11: 21
1) Mary
2) E
3) 8.30am
4) Saturday
5) Matthew
6) Ian
7) Barbara & Saeeda
8) 5

PROGRESS CHARTS

Exercise	Score	%
11: 1		
11: 2		
11: 3		
11: 4		
11: 5		
11: 6		
11: 7		
11: 8		
11: 9		
11: 10		
11: 11		
11: 12		
11: 13		
11: 14		
11: 15		
11: 16		
11: 17		
11: 18		
11: 19		
11: 20		
11: 21		

Overall Score

Overall Percentage

%

© 2016 Stephen Curran

CERTIFICATE OF

ACHIEVEMENT

This certifies

_____

has successfully completed

11+ Verbal Activity
Year 4/5
WORKBOOK 4

Overall percentage score achieved ☐ %

Comment _____

_____

Signed _____
(teacher/parent/guardian)

Date _____